Special Thanks to:

My Lord and Savior Jesus Christ

Mom

Dad

Daniel

Mr. Crouch

Ms. Watson

Ms. Macon

This book would not be possible without your love and support!

1

ZONE 1: THE HOOPS ZONE

1 × 1 = 1
1 × 2 = 2
1 × 3 = 3
1 × 4 = 4
1 × 5 = 5
1 × 6 = 6
1 × 7 = 7
1 × 8 = 8
1 × 9 = 9
1 × 10 = 10
1 × 11 = 11
1 × 12 = 12

2 ZONE 2: TWO BY TWO CREW

2

2 × 1 = 2
2 × 2 = 4
2 × 3 = 6
2 × 4 = 8
2 × 5 = 10
2 × 6 = 12
2 × 7 = 14
2 × 8 = 16
2 × 9 = 18
2 × 10 = 20
2 × 11 = 22
2 × 12 = 24

ZONE 3: TRIPLE STEP JAM

3 × 1 = 3
3 × 2 = 6
3 × 3 = 9
3 × 4 = 12
3 × 5 = 15
3 × 6 = 18
3 × 7 = 21
3 × 8 = 24
3 × 9 = 27
3 × 10 = 30
3 × 11 = 33
3 × 12 = 36

4 ZONE 4: FORTRESS FOUR

4 × 1 = 4
4 × 2 = 8
4 × 3 = 12
4 × 4 = 16
4 × 5 = 20
4 × 6 = 24
4 × 7 = 28
4 × 8 = 32
4 × 9 = 36
4 × 10 = 40
4 × 11 = 44
4 × 12 = 48

5 ZONE 5: THE FANTABULOUS 5

5 × 1 = 5
5 × 2 = 10
5 × 3 = 15
5 × 4 = 20
5 × 5 = 25
5 × 6 = 30
5 × 7 = 35
5 × 8 = 40
5 × 9 = 45
5 × 10 = 50
5 × 11 = 55
5 × 12 = 60

6

ZONE 6: Six Racer

6 × 1 = 6
6 × 2 = 12
6 × 3 = 18
6 × 4 = 24
6 × 5 = 30
6 × 6 = 36
6 × 7 = 42
6 × 8 = 48
6 × 9 = 54
6 × 10 = 60
6 × 11 = 66
6 × 12 = 72

7 ZONE 7: WILD SEVEN SAFARI

7 × 1 = 7
7 × 2 = 14
7 × 3 = 21
7 × 4 = 28
7 × 5 = 35
7 × 6 = 42
7 × 7 = 49
7 × 8 = 56
7 × 9 = 63
7 × 10 = 70
7 × 11 = 77
7 × 12 = 84

ZONE 8: Skate x Eight

8 x 1 = 8
8 x 2 = 16
8 x 3 = 24
8 x 4 = 32
8 x 5 = 40
8 x 6 = 48
8 x 7 = 56
8 x 8 = 64
8 x 9 = 72
8 x 10 = 80
8 x 11 = 88
8 x 12 = 96

ZONE 9: NINE-BOT STATION

9 × 1 = 9
9 × 2 = 18
9 × 3 = 27
9 × 4 = 36
9 × 5 = 45
9 × 6 = 54
9 × 7 = 63
9 × 8 = 72
9 × 9 = 81
9 × 10 = 90
9 × 11 = 99
9 × 12 = 108

10 ZONE 10: TEN SONGS

10 × 1 = 10
10 × 2 = 20
10 × 3 = 30
10 × 4 = 40
10 × 5 = 50
10 × 6 = 60
10 × 7 = 70
10 × 8 = 80
10 × 9 = 90
10 × 10 = 100
10 × 11 = 110
10 × 12 = 120

11 ZONE 11: Cowboy Corner

11 × 1 = 11
11 × 2 = 22
11 × 3 = 33
11 × 4 = 44
11 × 5 = 55
11 × 6 = 66
11 × 7 = 77
11 × 8 = 88
11 × 9 = 99
11 × 10 = 110
11 × 11 = 121
11 × 12 = 132

12 ZONE 12: PIZZA PARTY

12 × 1 = 12
12 × 2 = 24
12 × 3 = 36
12 × 4 = 48
12 × 5 = 60
12 × 6 = 72
12 × 7 = 84
12 × 8 = 96
12 × 9 = 108
12 × 10 = 120
12 × 11 = 132
12 × 12 = 144

1

PRACTICE ZONE

1 × 1=

1 × 2=

1 × 3=

1 × 4=

1 × 5=

1 × 6=

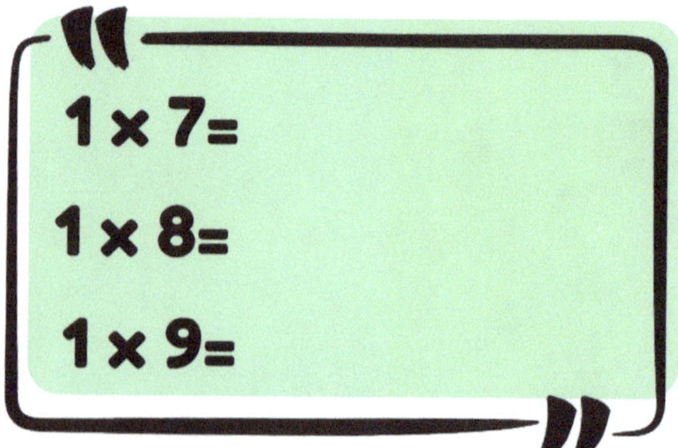

1 × 7=

1 × 8=

1 × 9=

1 × 10=

1 × 11=

1 × 12=

2 PRACTICE ZONE

2 × 1=

2 × 2=

2 × 3=

2 × 4=

2 × 5=

2 × 6=

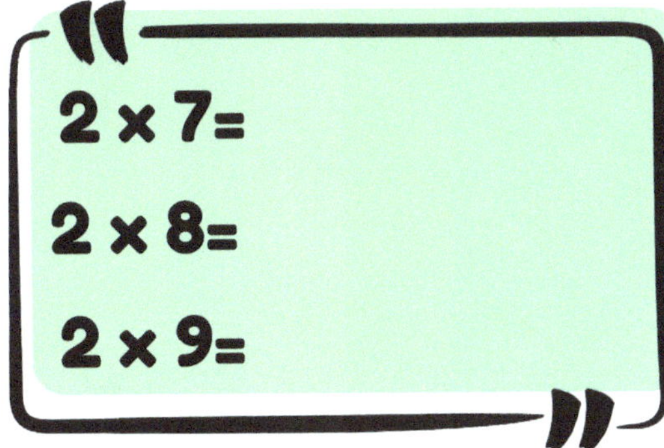

2 × 7=

2 × 8=

2 × 9=

2 × 10=

2 × 11=

2 × 12=

3

PRACTICE ZONE

3 x 1=

3 x 2=

3 x 3=

3 x 4=

3 x 5=

3 x 6=

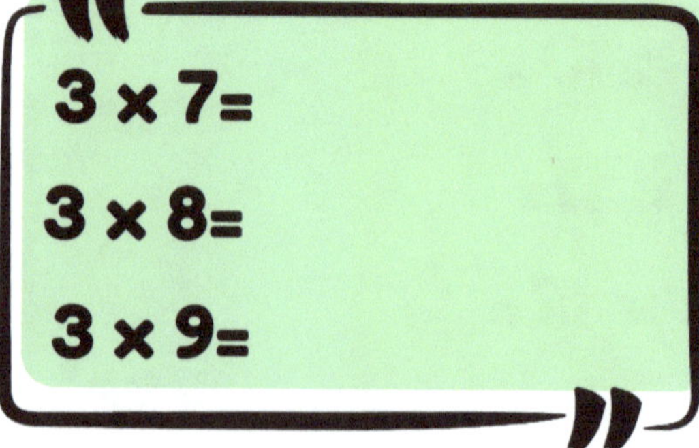

4

PRACTICE ZONE

4 x 1=

4 x 2=

4 x 3=

4 x 4=

4 x 5=

4 x 6=

4 x 7=

4 x 8=

4 x 9=

4 x 10=

4 x 11=

4 x 12=

5

PRACTICE ZONE

5 x 1=

5 x 2=

5 x 3=

5 x 4=

5 x 5=

5 x 6=

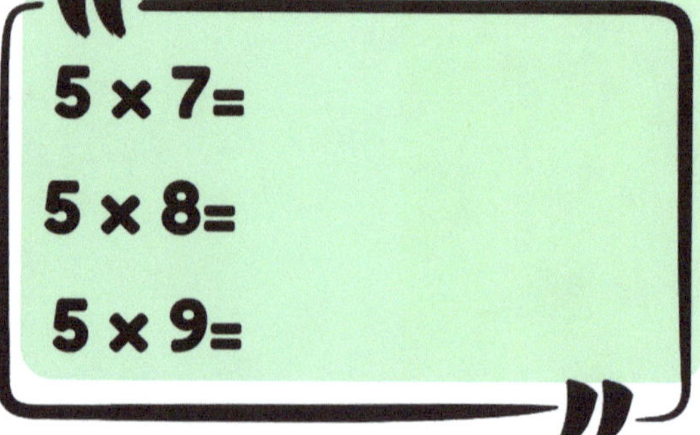

5 x 7=

5 x 8=

5 x 9=

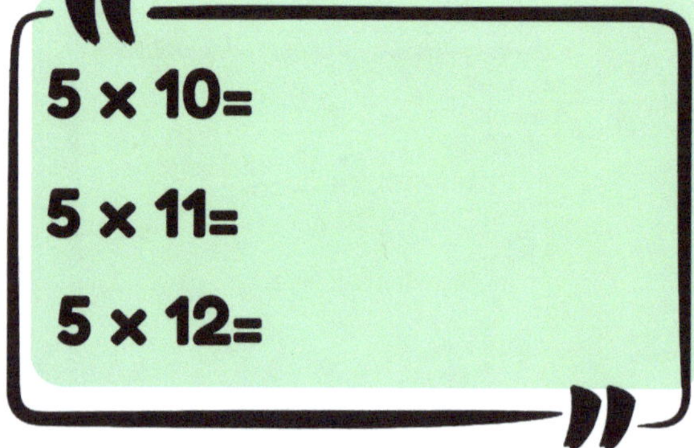

5 x 10=

5 x 11=

5 x 12=

6

PRACTICE ZONE

6 x 1=

6 x 2=

6 x 3=

6 x 4=

6 x 5=

6 x 6=

6 x 7=

6 x 8=

6 x 9=

6 x 10=

6 x 11=

6 x 12=

7

PRACTICE ZONE

7 x 1=

7 x 2=

7 x 3=

7 x 4=

7 x 5=

7 x 6=

7 x 7=

7 x 8=

7 x 9=

7 x 10=

7 x 11=

7 x 12=

8

PRACTICE ZONE

8 x 1=

8 x 2=

8 x 3=

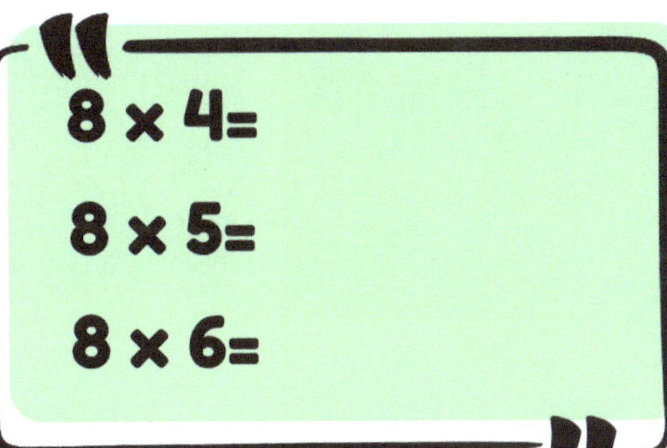

8 x 7=

8 x 8=

8 x 9=

8 x 10=

8 x 11=

8 x 12=

9

PRACTICE ZONE

9 x 1=

9 x 2=

9 x 3=

9 x 4=

9 x 5=

9 x 6=

9 x 7=

9 x 8=

9 x 9=

9 x 10=

9 x 11=

9 x 12=

10

PRACTICE ZONE

10 x 1=

10 x 2=

10 x 3=

10 x 4=

10 x 5=

10 x 6=

10 x 10=

10 x 11=

10 x 12=

10 x 7=

10 x 8=

10 x 9=

11

PRACTICE ZONE

11 x 4=

11 x 5=

11 x 6=

11 x 7=

11 x 8=

11 x 9=

11 x 10=

11 x 11=

11 x 12=

12

PRACTICE ZONE

12 x 1=

12 x 2=

11 x 3=

12 x 4=

12 x 5=

12 x 6=

12 x 10=

12 x 11=

12 x 12=

12 x 7=

12 x 8=

12 x 9=

Challenge Zone

8 x 8=

12 x 9=

7 x 4=

9 x 3=

6 x 7=

12 x 4=

8 x 9=

5 x 5=

12 x 7=

9 x 9=

6 x 8=

4 x 8=

Zone Explorer Badge

Congratulations Zone Explorer!

You have completed your adventure across The World of Zones!

You are now a Worldwide All-Star!

Enjoy your Zone Explorer Badge!

Letter from the Author

Dear Zone Explorer,

Remember practice, practice, practice!
Keep exploring.
Keep being curious.
Keep learning. Keep having fun.
The World of Zones is ready for you!!!!

Sincerely,

Author

www.ingramcontent.com/pod-product-compliance
Lightning Source LLC
LaVergne TN
LVHW070207110826
845147LV00002B/525